インヴェンションを弾く前に

はじめまして ポリフォニー

伊能美智子 編

Gakken

はじめに

"ポリフォニー" は "多声音楽" と訳されることからも分かるように、2つ以上の独立したメロディーが互いにからみ合って進んでいく音楽のことをいいます。中世からルネサンスの時代に声楽（合唱）曲として発達し、器楽——特に鍵盤曲——においては、バロック時代に J.S. バッハにより "対位法" という形で完成されています。J.S. バッハの《インヴェンション》は、その代表的な作品のひとつといえるでしょう。

この《インヴェンション》はピアノを続けていくための必須教材、といわれています。なぜでしょうか？　それは、バロックに限らず、あらゆる時代の本格的なピアノ曲を弾くとき、◎**左右の手＝10本の指を多声的に使えること** は絶対不可欠な条件となるからで、その勉強のために、作曲技法や芸術的価値から見ても、《インヴェンション》は最適な教材だから…なのです。

ただ、技術的にも、音楽的内容から見ても、ピアノを習い始めたばかりでは弾きこなせないため、《インヴェンション》に入る前に、何らかの "ポリフォニー" 体験をさせたい…と考えるピアノの先生がとても多くいらっしゃいます。ですが、生徒さんに積極的に取り組んでもらえず苦戦している…、という声がよく聞かれます。

確かに "ポリフォニー" は、バイエル等の教本で慣れ親しんできた "右手はメロディー、左手は伴奏（ホモフォニー）" という様式とはまったく違います。譜面を見てどのような曲か分かりにくいですし、さらに弾きにくい曲も多いので、敬遠されがちなのも無理はないでしょう。

ですが、クラシックのみならずポピュラーでも、"ポリフォニー" は "音楽をより豊かに表現する手法" として、ごく当たり前に用いられています。

この曲集では、ピアノを習い始めたばかりでも、楽しく "ポリフォニー" を体験し、左手も自在に使って多声的な演奏ができるよう、日頃慣れ親しみ、楽しんでいる作品を素材として選び、さらにバロック音楽にもスムーズに親しめるように工夫しました。"ポリフォニー" の導入書として最適な一冊だと思います。

"ポリフォニー" をより身近に感じ、音楽の新しい楽しさを発見してもらえることを願います。

伊能 美智子

もくじ

本書について

レッスンの進め方

① バロックから近現代のポリフォニー作品のほか、童謡、唱歌、アニメなどのおなじみの曲のポリフォニー編曲を加えることで、多声音楽に親しめるよう、工夫しました。

② 収録曲はポリフォニー編曲と近現代のポリフォニー作品とを難易度順とし、導入の目安となる「インヴェンションのまえに」「インヴェンションとともに」に分類しています。さらにバロック時代の作品を「時代とともに」、連弾でのポリフォニー体験のための「連弾によるポリフォニー」に分類し、難易度順に収録しました。

③ 選曲は、難易度の目安として各曲に表示してある♥の数や、カノンやフーガなどのポリフォニーの形式（ポリフォニーの練習効果）を参考にしてください。

④ メロディー・ラインを理解することが、ポリフォニーを習得するための第一歩です。練習は、まず各声部のメロディー（左手にもあります）を歌うことから始めましょう。さらに、1つの声部を弾きながらもう1つの声部を歌ったり、声部を組み合わせて重唱したりして練習を重ね、つられないようになってから、実際に弾き始めるとよいでしょう。

⑤ 特に左手の動きが苦手な場合は、まず左手のメロディーを右手で覚え、次にユニゾンで弾いてから左手で弾く、というような方法も効果的です。

⑥ ポリフォニー曲の演奏では特に指づかいが重要です。それぞれの声部がきちんと表現できるよう、楽譜に記された指番号を目安に、演奏者の手の形や大きさに応じて最も適確なものを選び、守るようにしましょう。

難易度の目安

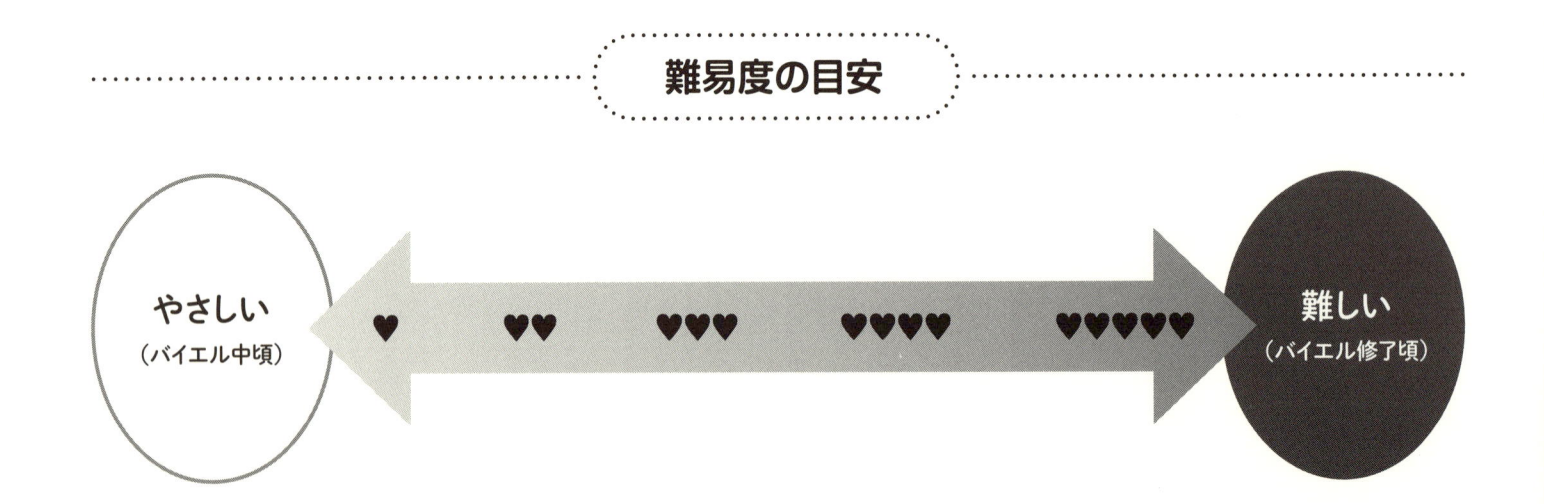

やさしい（バイエル中頃）　♥　♥♥　♥♥♥　♥♥♥♥　♥♥♥♥♥　難しい（バイエル修了頃）

歌を歌うとき、ひとりで歌えるメロディーは1つだけ。これを1声部といいます。2声部以上の多声部（ポリフォニー）になると、2人以上いなければ歌えません。ところが、ピアノなら右手と左手を別々に使えばポリフォニーの曲でもひとりで弾くことができるのです。歌よりももっと複雑な音楽を作り出せる…これがピアノの利点の1つです。

ポリフォニーの形式

■カノン

最初のポリフォニーは、時間をずらしてテーマを追いかける「カノン」という歌い方から生まれました。"静かな湖畔の森のかげから…"というあのキャンプ・ソングが有名です。

■フーガ

時代の流れとともに、カノンのように単に時間をずらして楽しんでいたテーマに、別のメロディー（対旋律）を組み合わせて、より複雑な音楽作りをするようになります。これが「フーガ」です。

■コラール

「コラール」とは宗教音楽によく使われる、音価の等しい音符を並べて構成される音楽のことです。

■インベンション

「インベンション」とは"思いつき"。1つテーマになるメロディーを思いついたら、そのメロディーをいろいろな形に発展させ、模倣させてたちまち1曲できあがり…そんな形式のことです。

──────── ここでは、主要となる"うた"のメロディーを"テーマ"と呼ぶことにします ────────

I インヴェンションのまえに

1 かえるのうた ……………………**カノン／輪唱**
メロディーが左右どちらの手に移っても同じように聞こえるよう注意して、楽しい曲に仕上げてください。スタッカートのところは、かえるがピョンピョンはねている感じを真似てみましょう。

2 いとまきのうた ………………**カノン／メロディーの受け渡し**
左右の手のバトンタッチがきれいにできるように練習しましょう。まるで2人で歌っているみたいに…。

3 こぎつね…………**カノン／メロディーの受け渡し（フーガ的）**
ドイツ民謡としてよく知られたメロディーをテーマに、カノン風に左手で模倣してみたり、派生させたメロディーを使うなどして曲が作られています。テーマは曲の一番大事な部分ですから、左手でも、右手で弾くのと同じように上手に弾けるよう練習しましょう。

4 森のくまさん ……………………………**カノン／輪唱**
右手のメロディーを左手が追いかける、典型的なカノン形式の曲です。各小節の頭に半拍のお休みがあります。タイミングを上手につかんでください。

5 ハッピー・バースデイ …………**フーガ／2つのメロディー**
誰でも知っている楽しいメロディーを、2声のポリフォニーにしてみました。前奏も付いて、短いながら立派に1曲の体裁を整えています。おなじみのテーマがよく聞こえてくるように弾いてください。

6 きよし この夜……**カノン／メロディーの受け渡し（フーガ的）**
誰もが知っているであろう、クリスマスの時季に歌われるキャロル（讃美歌）です。テーマのメロディーも分かりやすいですね。カノン形式を楽しんで欲しいのですが、気をつけたいのは、右手に登場するテーマが左手に移ったとき。左手も右手と同じように美しく響かせ、歌わせるようにしてください。

7 山の音楽家 ………………………**フーガ／2つのメロディー**
テーマに配するメロディーの作り方はいろいろですが、イメージのかけ離れたメロディーをつけることは、あまりありません。リズムや音型はテーマの模倣から生まれます。

8 かわいいハリネズミ Op.89-8
…………**フーガ／2つのメロディー（反行【鏡】メロディー）**
ピアノ曲として知られています。左右の対照的な音型が明快でおもしろいですね。スタッカートをきれいに出しましょう。最後を除く各小節の頭には常に2度の不協和音が響いていますが、その都度まるでハリネズミのトゲにチクッ…と刺されたような痛みを感じませんか？

9 もみの木 ……………………………**フーガ／2つのメロディー**
讃美歌はその土地に馴染みのある民謡に歌詞を付けたものが多いのですが、この曲もドイツの古い民謡をもとにした讃美歌です。右手に登場したテーマを左手が追いかけると思えば、左手に移っ

たテーマを右手が追いかけるという、簡単なフーガに仕立てています。テーマはいつも主役として元気よく弾いてください。

10　もみじ …………………………………**カノン／輪唱**

テーマは右手が先行し、それを左手が追いかけていきますが、にごった重音になる前に左手を対旋律に変えて美しく響くように工夫しています。このような音の重なり合いからハーモニーが生まれたのです。

II　インヴェンションとともに

11　小さな世界 …………………**カノン／複合カノン**

よく知られているテーマを前半と後半に分けて、左右の手が交互に演奏します。左手の最初の部分に登場するのは後半部分のテーマですが、付点を取って弾きやすくしてあります。

12　天なる神には …………………………**インベンション**

キリストは真夜中に生まれ、そのとき天使たちの歌声が響いたといいます。その場面を彷彿させるこの讃美歌は、1850 年にアメリカの R.S. ウィリスの作曲と E.H. シアーズの作詞によって生み出されました。2 声部の編曲でもメロディーの美しさが際立ちます。テーマのメロディーとしては比較的長く、インベンションと呼びたいですね。

13　茶色の小びん ………………**フーガ／2つのメロディー**

この曲は3つの部分から作られています。最初の4小節は左手だけなので1声ですが、次の8小節は2声になり、右手がテーマを歌います。次の8小節は右手でテーマが継続し左手はテーマのモチーフで寄り添いながら終わる…と段階的に技術が難しくなります。シンコペーションのリズムに気をつけて。

14　むかしむかしのそのむかし ………**フーガ／2つのメロディー**

対旋律は、テーマになじみやすいメロディーを使っています。短い曲の中で、長調と短調がしょっちゅう入れ替わります。明るい場面やコワーイ場面など、昔ばなしを想像してみましょう。

15　行進曲 …………………**カノン／複合カノン**

ご存じ、バレエ組曲《くるみ割り人形》から、クリスマスツリーの周りで子どもたちが楽し気に踊る〈行進曲〉です。子どもたちのウキウキしている様子がよくあらわされています。前半は左右それぞれの手でテーマを1声（ソロ）で奏し、後半に再登場するときは、3 度上の音を伴って 3 声になります。3 連符は元気よく、でも乱暴にならないように。

16　ホール・ニュー・ワールド …………**フーガ／2つのメロディー**

右手のテーマに対し、そのモチーフ（テーマの小片）を左手がカノン風に繰り返したり、リズムを真似たりしながら進行します。左右どちらの手も同じように、シンコペーションのリズムが弾けるようにしたいですね。

17　昔の踊り　Op.39-17 ………**カノン／メロディーの受け渡し**

最初は左手、次に右手に登場する4小節ずつのテーマと、右手に続く第2テーマともいうべき次の4小節とコーダ、合わせて 16 小節で第1部を構成し、17 小節からは左右の手を入れ替えて第2部が登場します。両手が同じ音型で進行することで曲が流れる、たくみな構成です。テーマが登場したら、はっきり分かるように弾いてあげましょう。

18　遠き山に日は落ちて …………………………**コラール**

ご存じの交響曲《新世界より》の第2楽章〈家路〉がもとになった曲です。長い音の上で、さらに2声のメロディーを進行させているので、これは3声の曲ということになります。ピアノという楽器は音を保持するのは得意ではありません。しっかり押さえてください。

19　小さい秋 みつけた ………………**カノン／コラール、フーガ的**

長いテーマを4小節ずつ右、左、右、左、…と交代しながら担当しています。3声の曲なので美しい和音も加わり、響きを楽しめる曲になっています。

20　虹の彼方に ……………………………………**フーガ／多声**

現代的な和音を感じます――つまり声部がたくさんある、ということに繋がります。このように多声部になりますと、大切なテーマをウッカリ見失いがちですから気をつけてください。

21　星の世界 …………**カノン／メロディーの受け渡し**

テーマの音型を模倣したメロディーがこの曲を美しく飾っています。2小節の3拍目など、ぶつかる音もありますが、この曲のちょっとしたステキな味付けだと思ってください。いつもテーマが聞こえるように、音の大きさを工夫して弾きましょう。

III　時代とともに～バロック時代の曲

22　メヌエット ト長調　BWV. Anh.114

ポリフォニー音楽が完成したのは、18 世紀前半バロック時代。この曲は、その時代を代表する J.S. バッハの作品と長く伝えられてきましたが、近年の研究により、当時ドレスデンの聖ソフィア教会オルガニストの C. ペッツォールトの作品であることがわかっています。フーガ形式ですが、対旋律が和声を思わせます。こ

の曲集の第25曲の〈メヌエット ト短調〉（p.50）とまとめて大きく1曲ととらえることもできるようです。

23 ボクは王さま K.1c
ピアノ曲として書かれた曲です。2声部の歌を左右の手で見事に歌っています。やさしいフーガといえるでしょう。スラーのついたフレーズに注意して、きれいにフレージングしてください。

24 ソナタ 変ロ長調より 第1主題 K.440（L.47）
作者は、バロック時代を代表する作曲家の1人です。J.S. バッハが、その没年を時代の終焉とするほどバロック音楽の代表となるフーガ形式を極めた一方、スカルラッティは多くのソナタを書き、次の古典派の時代に頂点を極めるソナタ形式の発展に貢献したのです。作品は装飾音やスケールを多用していることが特徴ですが、演奏の際には当時のピアノ以前の鍵盤楽器（チェンバロなど）をイメージして軽く弾くと、楽しくなるでしょう。

25 メヌエット ト短調 BWV. Anh.115
J.S. バッハは、音楽家の妻や子どもたち、そして弟子たちのために練習曲をたくさん書き、妻の名を冠した《アンナ・マグダレーナ・バッハの音楽帳》としてまとめた…、といわれてきたのですが、最近の研究でそれらに J.S. バッハ自身の作品は少ない、ということがわかっています。この曲も第22曲の〈メヌエット ト長調〉（p.46）同様、C. ペッツォールトによるものです。技術的にはやさしくても曲中 4 声になるときもありますし、装飾音も多用していますから注意してください。

26 アレグロ 変ロ長調 K.3
もとから鍵盤楽器のために書かれた曲です。フラットが2つ付いた変ロ長調の曲！ 黒鍵の数が増えると緊張してしまいますね。この曲は2声なので、両手を使って各声部を担当し、黒鍵に慣れれば弾くのは簡単です。声楽のためではなく作られているので、楽曲の形式が明確です。「テーマが登場→確認→少しずつ形を変えて最初のテーマに戻って終わる」、3部形式の曲です。

27 メヌエット ハ長調 K.1f Trio
この曲もピアノ曲として作られました。左右の手の間にもう1声加わって3声のポリフォニーとなっています。3番目の声部は左手が受け持っていますね。モーツァルトらしい優雅な音楽です。第23曲〈ボクは王さま〉（p.48）とともに、K.1 の中の 1 曲です。

28 ポロネーズ ト短調 BWV.Anh.119
ポロネーズとはポーランド発祥の踊りの曲。メヌエットと同じく3拍子ですが、メヌエットと比較すると、リズムのきざみ方［ タ、タタ、タ、タ、タ、タ ］に特徴があります。

29 フーガ ハ長調
パッヘルベルは J.S. バッハより 32 年前に生まれています。この曲は器楽曲として書かれましたが、彼の時代にはまだ鍵盤楽器があまり発達していなかったことを考えて演奏するのも大切で、興味深いことですね。テーマを模倣したり一部だけ使ったり、逆さまにしてみたり転調してみたり…とさまざまに展開させて作られています。

30 メヌエット ニ長調 K.94
この曲も、いかにも"メヌエット"という雰囲気を持っています。曲に合わせて踊っている気分で、ゆったりと弾きましょう。

31 《フランス組曲 第3番》メヌエット BWV.814
この時代、各地の踊りのリズムや特徴を取り入れた〈サラバンド〉〈アルマンド〉〈ジーグ〉といったいくつかの舞曲を組み合わせて"組曲"とする作曲技法が流行りました。〈メヌエット〉もその組曲に入れられる曲の 1 つです。3 拍子のゆったりした踊りの曲で、フランスの貴族社会で好まれたといいます。メヌエットらしく優雅に弾きましょう。

32 春
この曲はインベンションですね。構成は3部形式です。前後をはさむイ長調のテーマ、中間部ではイ短調…と変化に富んでいます。

....

Ⅳ 連弾によるポリフォニー

33 よろこびの歌
あの有名な《第九》のメロディーをカノン仕立てにしてみました。2人で弾くとピアノの音がぐっと充実すると同時に、スケールの大きな音楽作りができます。相手につられないように、自分の歌をしっかりと歌ってください。

34 ます
連弾の場合、演奏家が2人。そうすると、音楽の声部は倍になりますから、スケールの大きなポリフォニー曲を楽しむことができます。この曲はあの有名な〈ます〉のメロディーがテーマになって

おり、いろいろな声部に交替で登場するのが楽しいですね。ピアノという楽器は、実は"うた"が少し苦手です。でも、どの声部の歌も気持ちよく聞こえるよう、歌いながら弾いてください。

35 ファランドール
この曲のテーマは、フランスの古い民謡のメロディーです。9小節の3拍目から始まるカノン仕立てのパートがおもしろく出来ています。すばらしいテーマを1つ思いつくと、作曲家はそこからさまざまなメロディーを工夫して楽しませてくれるのですね。元気よく弾きましょう。

I
インヴェンションのまえに

かえるのうた

ドイツ民謡

（伊能美智子　編曲）

いとまきのうた

外国曲

（伊能美智子　編曲）

こぎつね

ドイツ民謡

（伊能美智子　編曲）

森のくまさん

アメリカ民謡

（伊能美智子　編曲）

ハッピー・バースデイ

M.J.ヒル, P.S.ヒル

（伊能美智子　編曲）

きよし この夜

クリスマス・キャロル

F.X. グルーバー

（伊能美智子　編曲）

山の音楽家

ドイツ民謡

たのしく

だんだんゆっくり

（伊能美智子　編曲）

かわいいハリネズミ

Op.89-8

D.B. カバレフスキー

かわいらしく はずんで

もみの木

クリスマス・キャロル

ドイツ民謡

（伊能美智子　編曲）

21

もみじ

岡野貞一

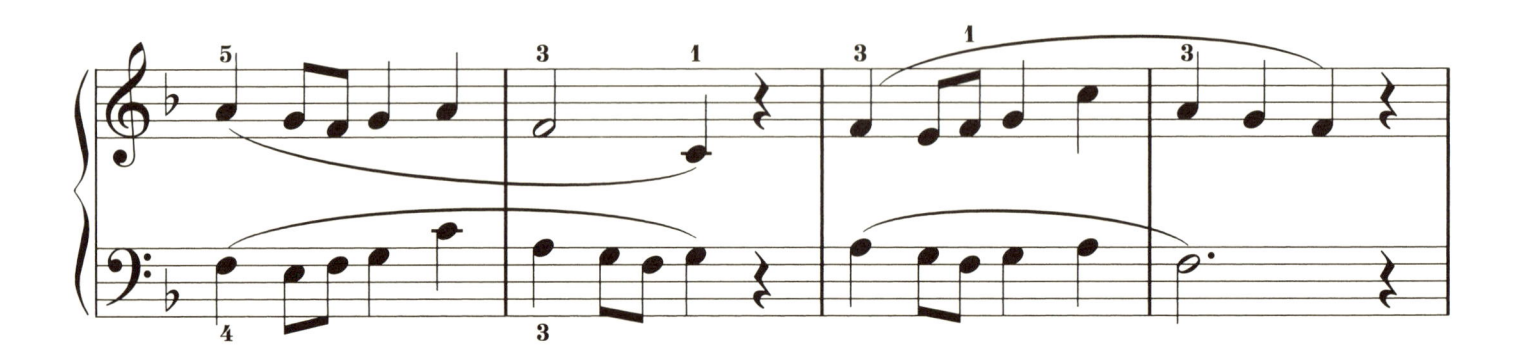

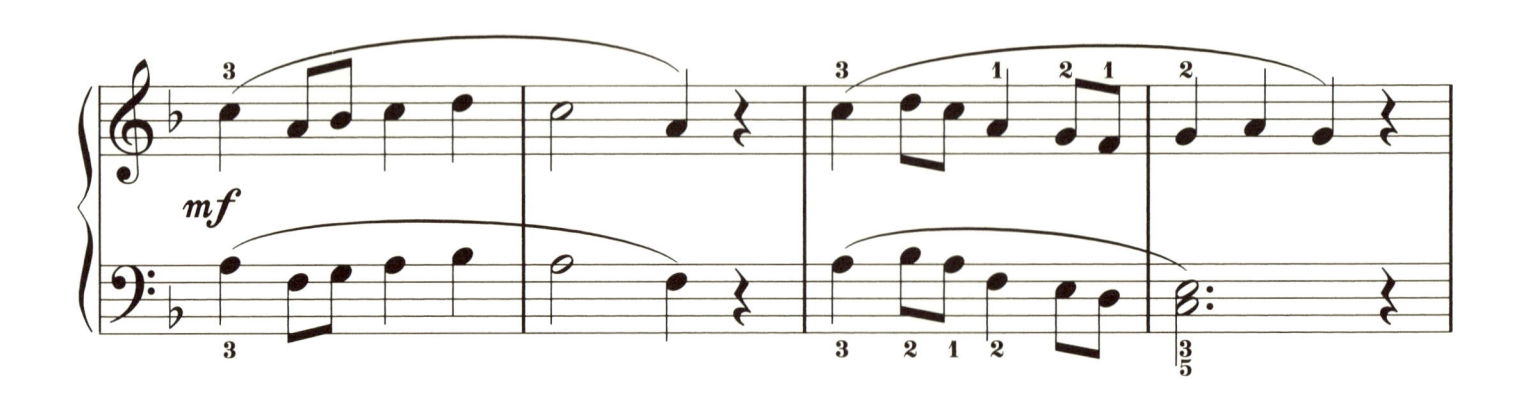

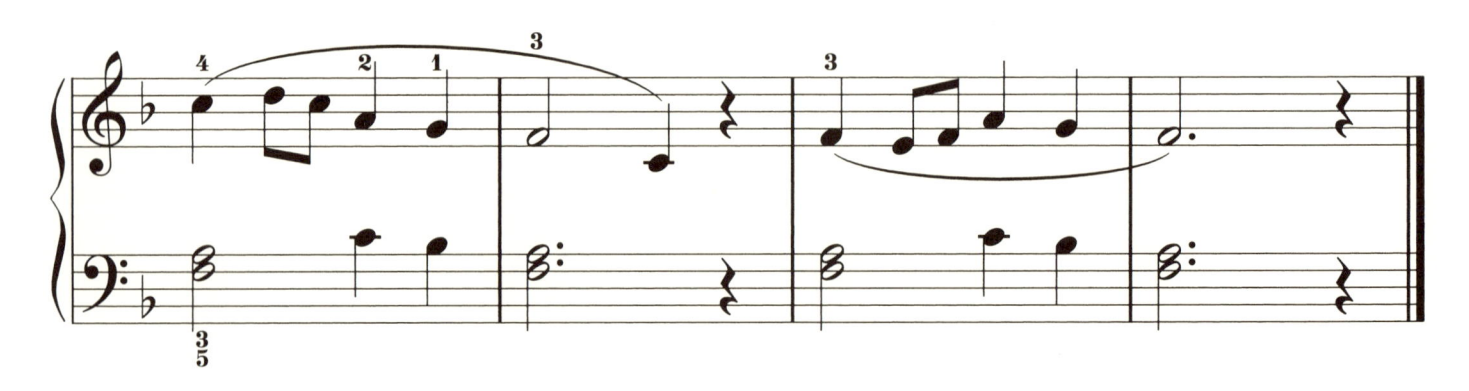

（伊能美智子　編曲）

II
インヴェンションとともに

小さな世界

R.M. シャーマン, R.B. シャーマン

（伊能美智子　編曲）

天なる神には

クリスマス・キャロル

R.S. ウィリス

いそがないで、歌うように

♥♥♥

茶色の小びん

E.J. ウィンナー

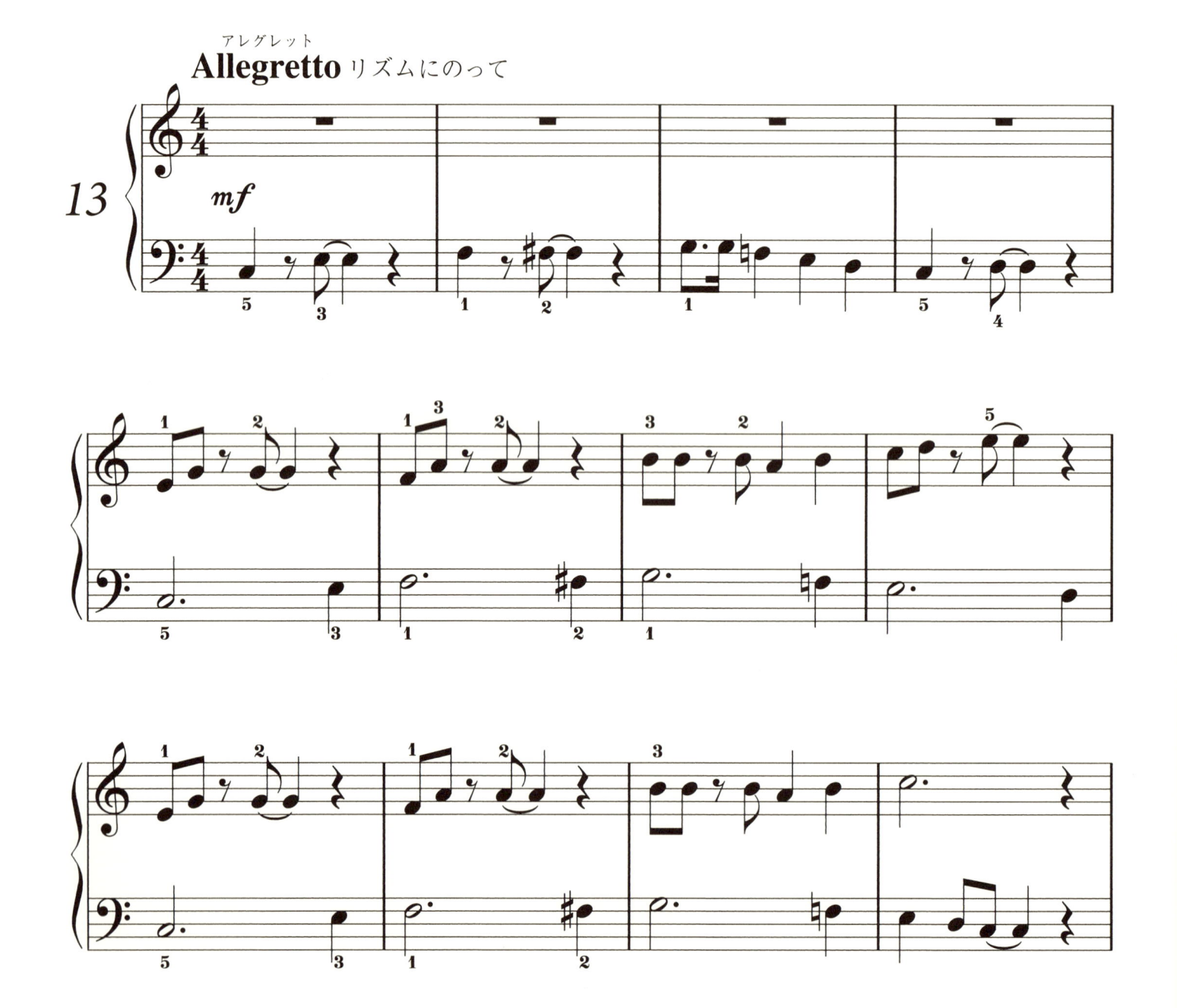

（伊能美智子　編曲）

むかしむかしのそのむかし

伊能美智子

Moderato なつかしく

rit.（だんだんゆっくり）

行進曲
《くるみ割り人形》より

P.I. チャイコフスキー

いきいきと

（伊能美智子　編曲）

♥♥♥♥

ホール・ニュー・ワールド

『アラジン』より

A. メンケン

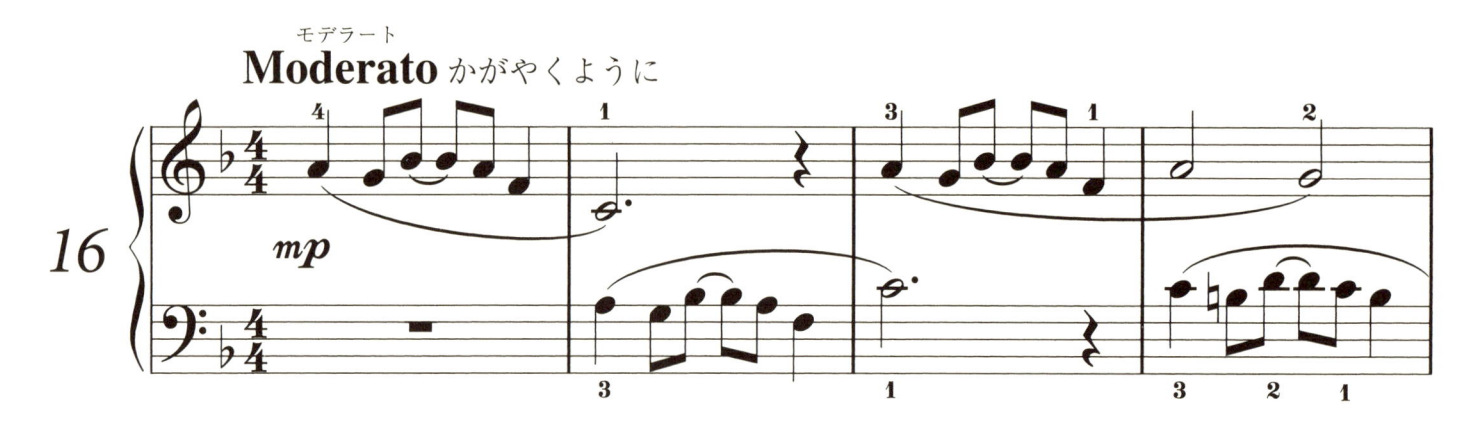

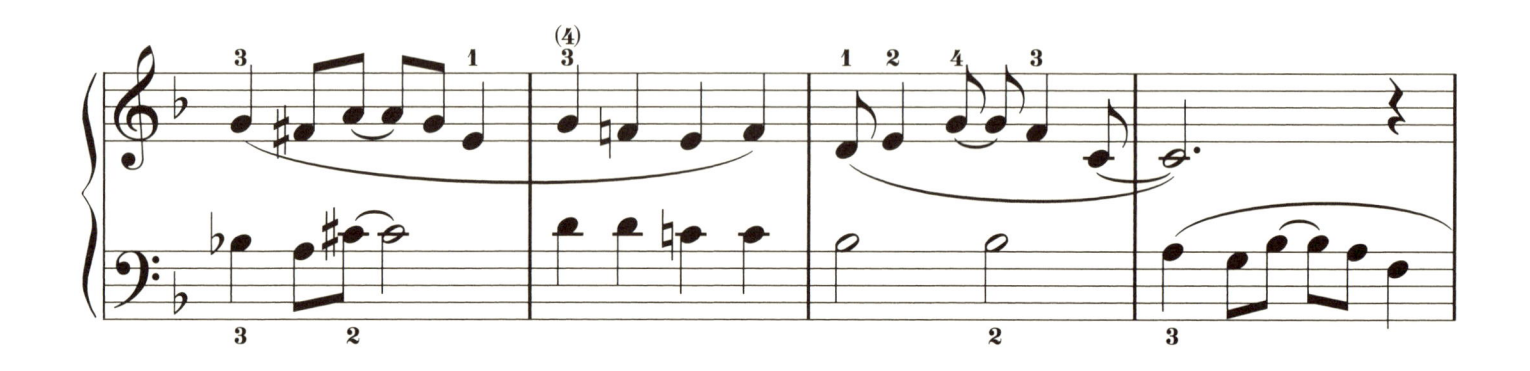

（伊能美智子　編曲）

♥♥♥♥

昔の踊り

Op.39-17

D.B. カバレフスキー

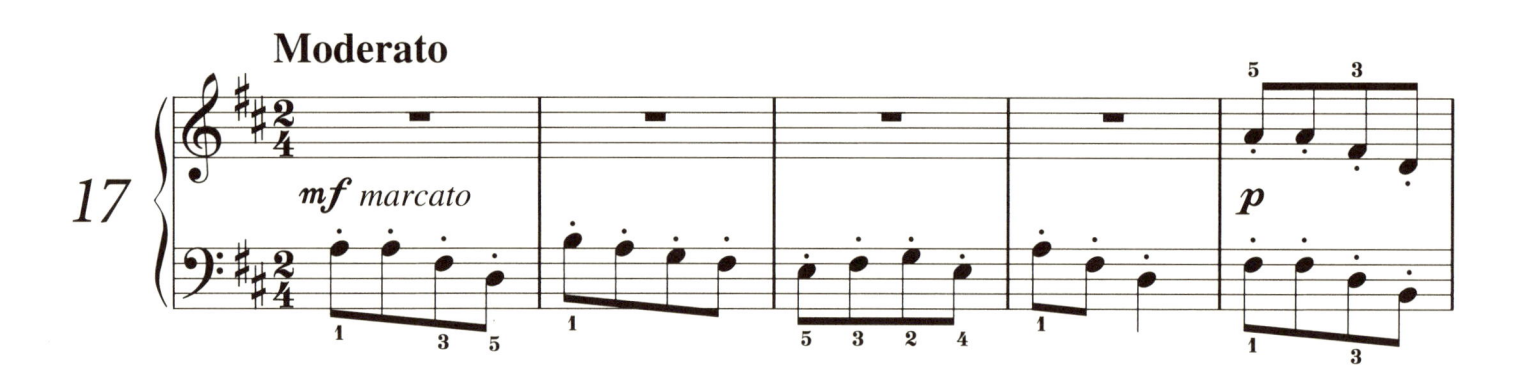

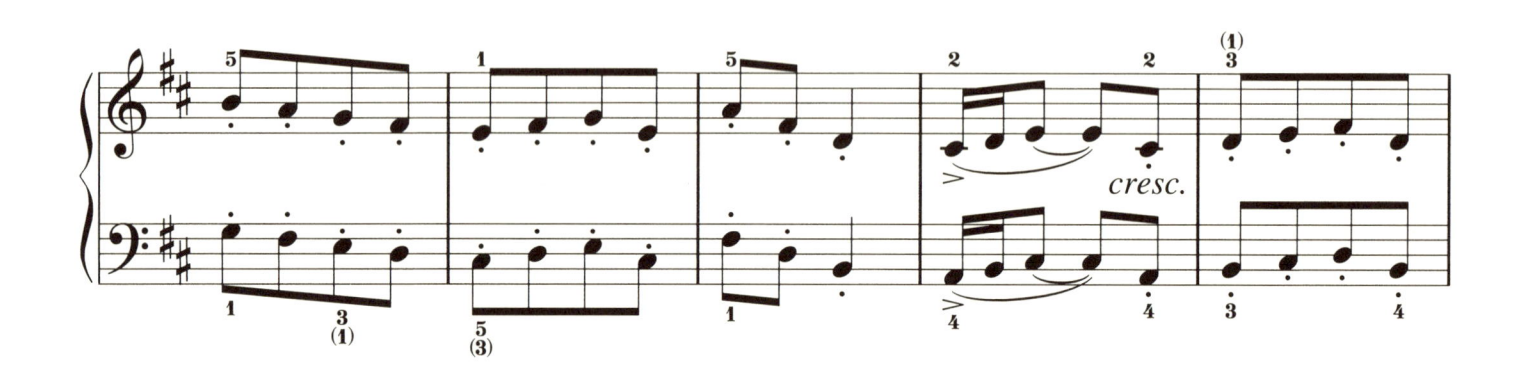

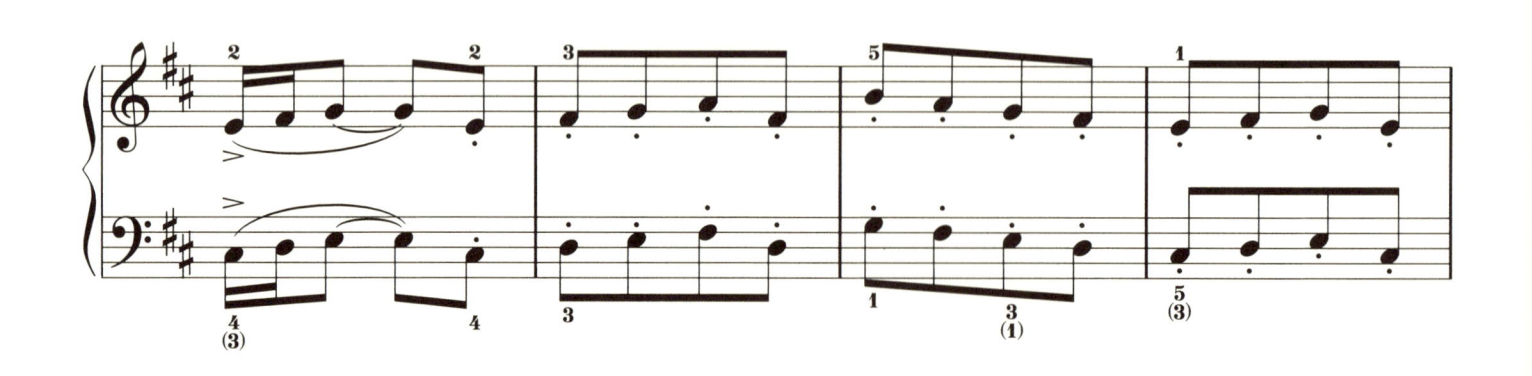

遠き山に日は落ちて

A. ドヴォルザーク

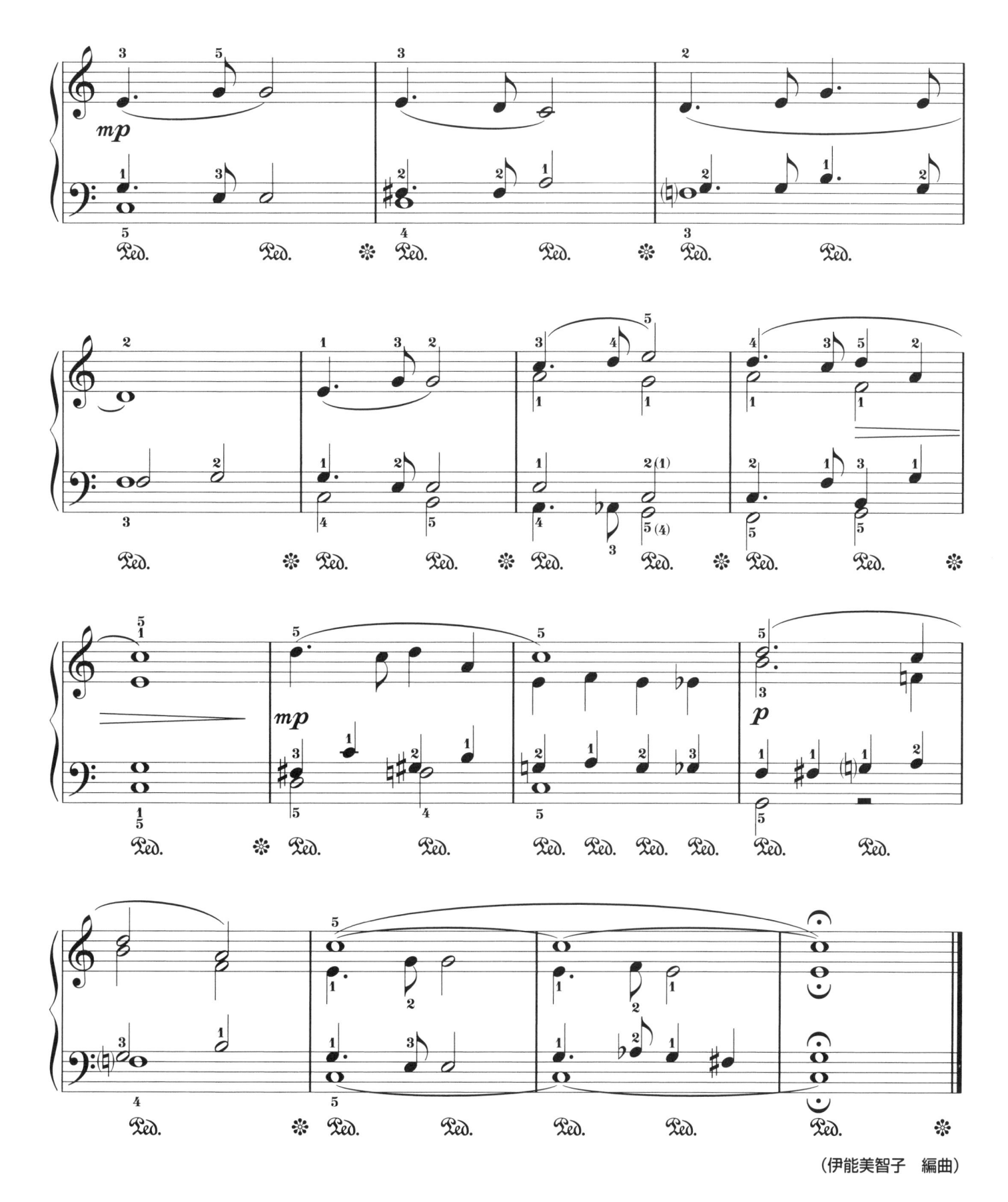

（伊能美智子　編曲）

小さい秋 みつけた

中田喜直

（伊能美智子　編曲）

41

虹の彼方に

『オズの魔法使い』より

H. アーレン

（伊能美智子　編曲）

星の世界

C. コンヴァース

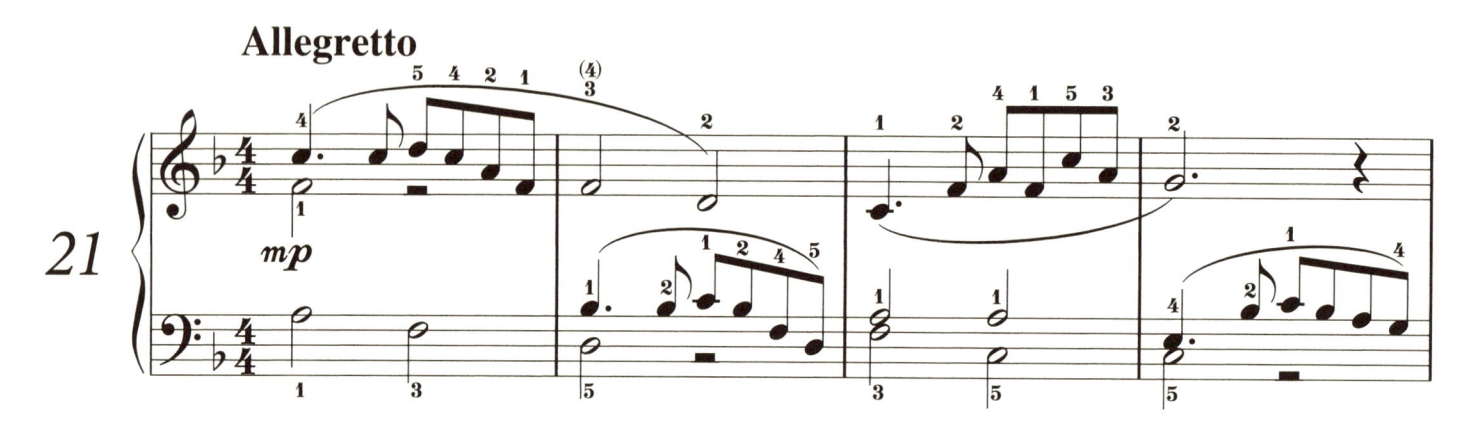

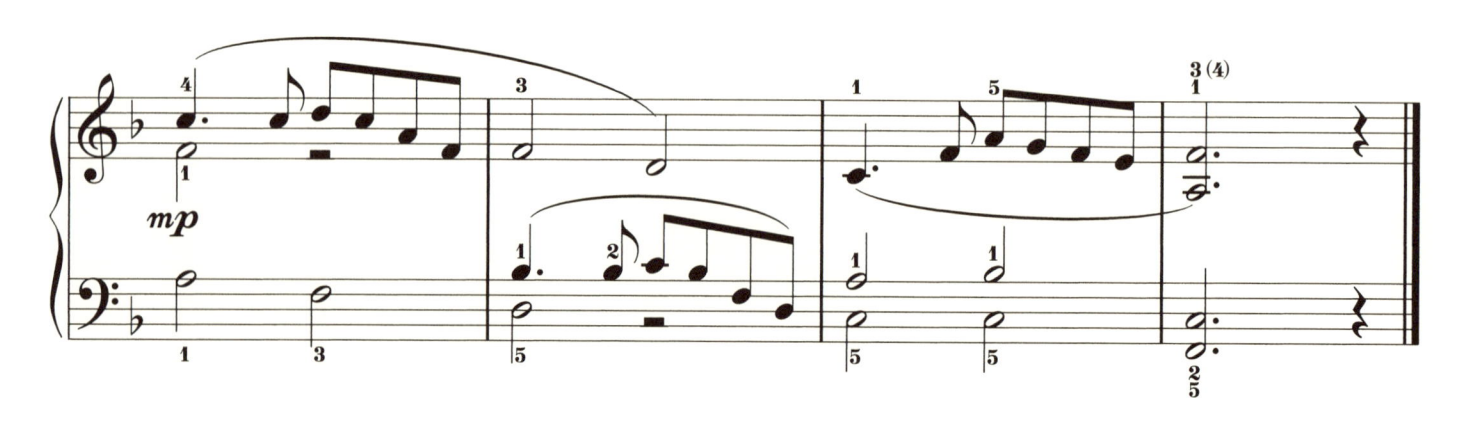

（伊能美智子　編曲）

Ⅲ
時代とともに
~バロック時代の曲

メヌエット ト長調

BWV.Anh.114

《アンナ・マグダレーナ・バッハの音楽帳》より

伝 J.S. バッハ＝C. ペッツォールト

ボクは王さま

K.1c

W.A. モーツァルト

ソナタ 変ロ長調より 第1主題

K.440（L.47）

D. スカルラッティ

Minuetto（メヌエット） おだやかに

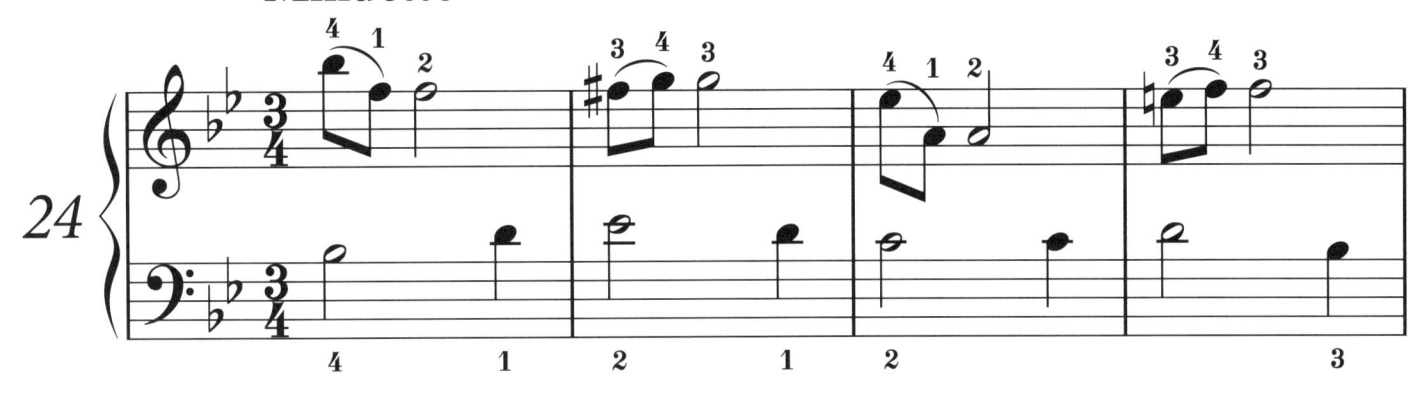

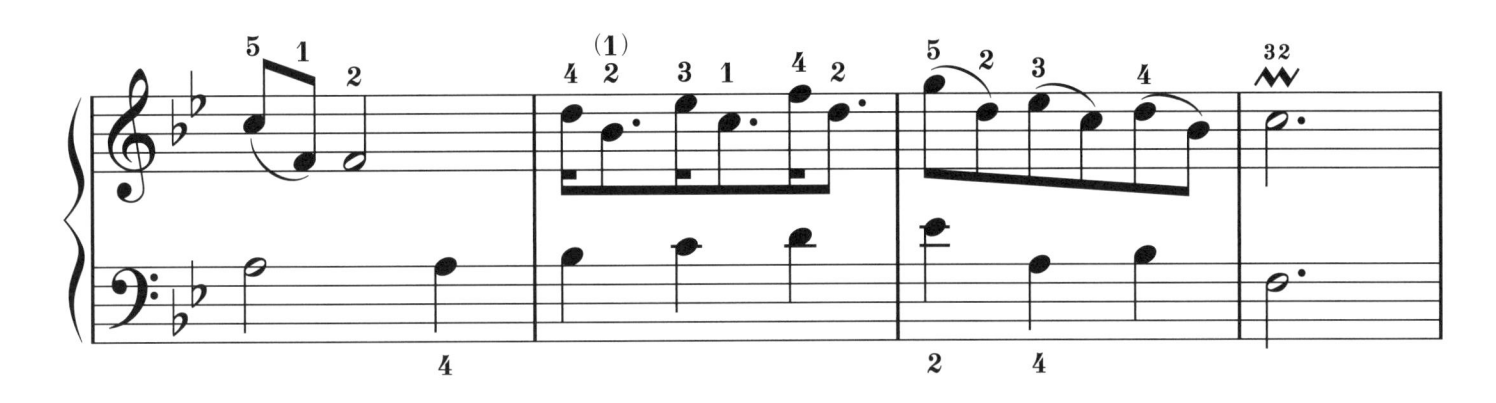

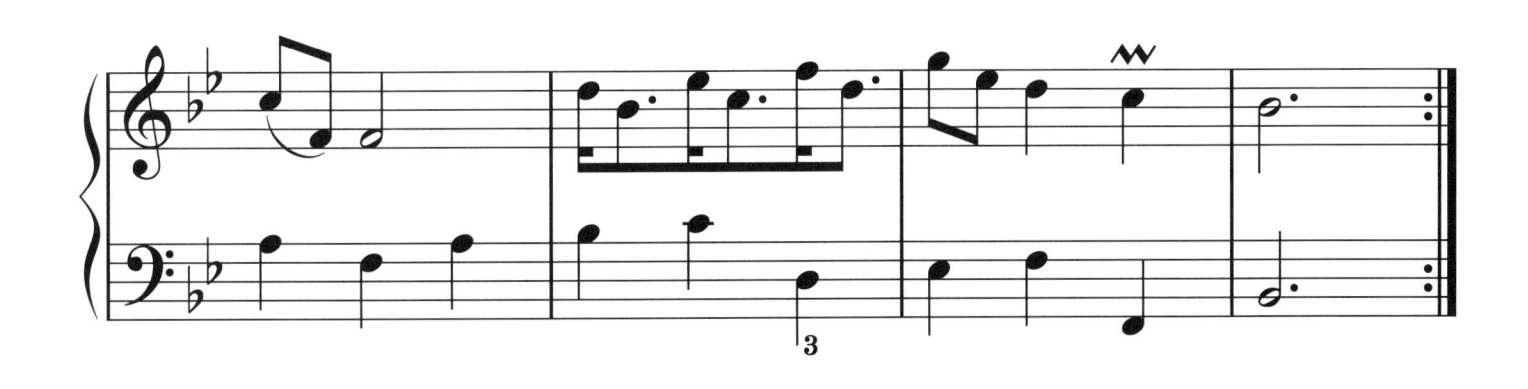

メヌエット ト短調

BWV.Anh.115

《アンナ・マグダレーナ・バッハの音楽帳》より

伝 J.S. バッハ＝C. ペッツォールト

ゆったりと、優雅に

25

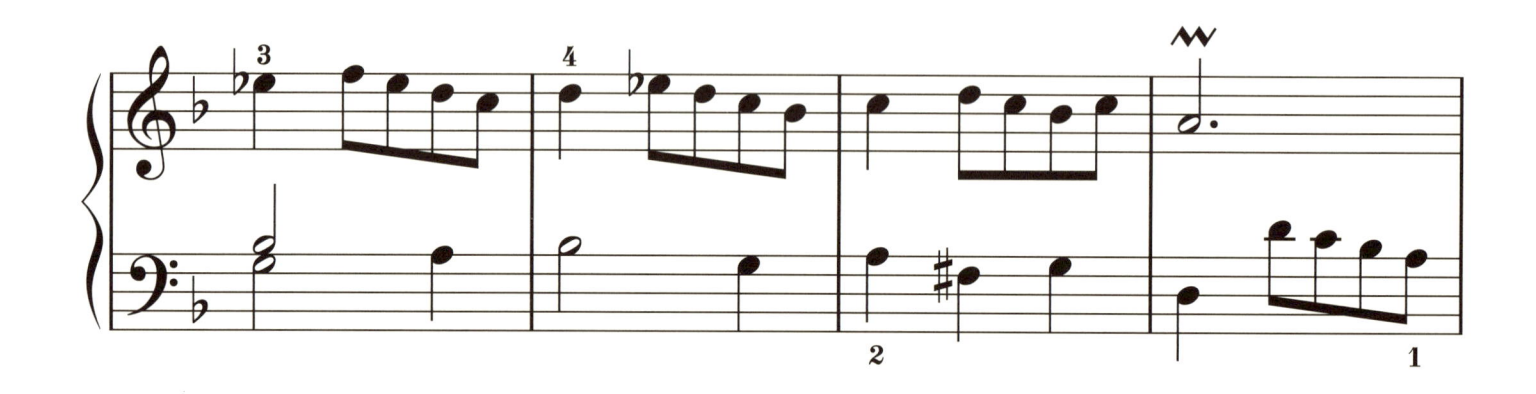

51

アレグロ 変ロ長調

K.3

W.A. モーツァルト

メヌエット ハ長調

K.1f Trio

W.A. モーツァルト

Allegretto 明るく

ポロネーズ ト短調

BWV.Anh.119
《アンナ・マグダレーナ・バッハの音楽帳》より

伝 J.S. バッハ

Moderato 優雅に

フーガ ハ長調

J. パッヘルベル

メヌエット ニ長調

K.94

W.A. モーツァルト

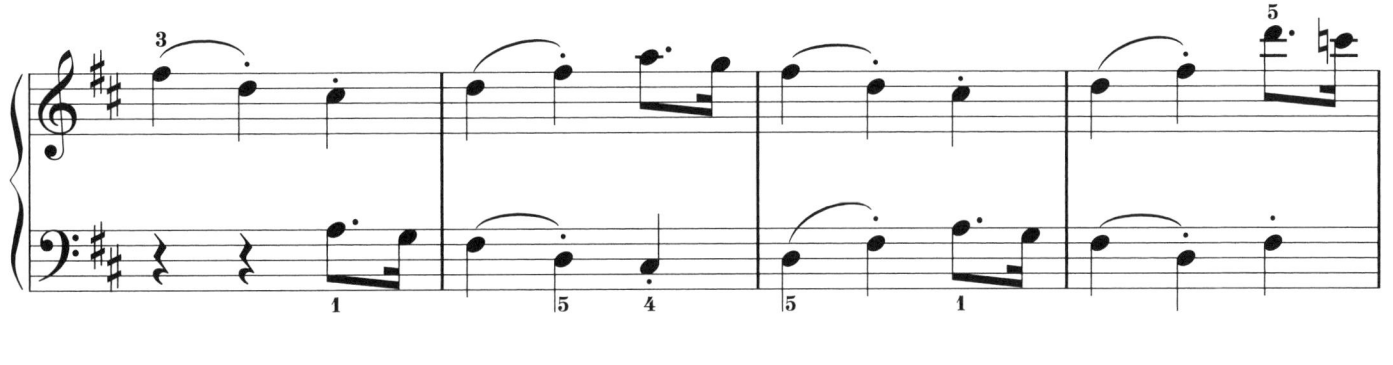

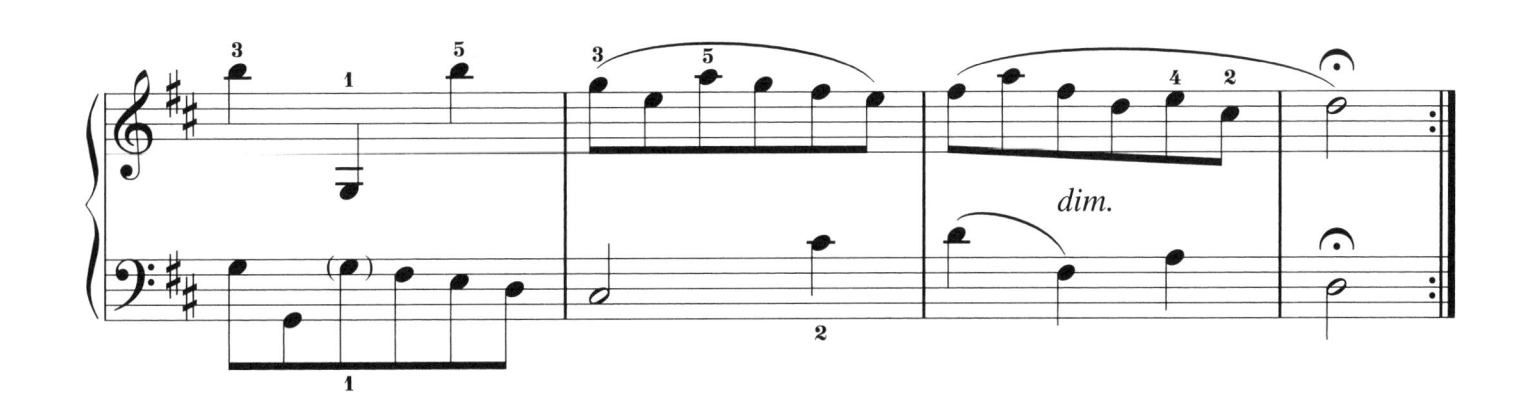

《フランス組曲 第3番》メヌエット

BWV.814

J.S. バッハ

Con moto moderato　ほどよい速さで

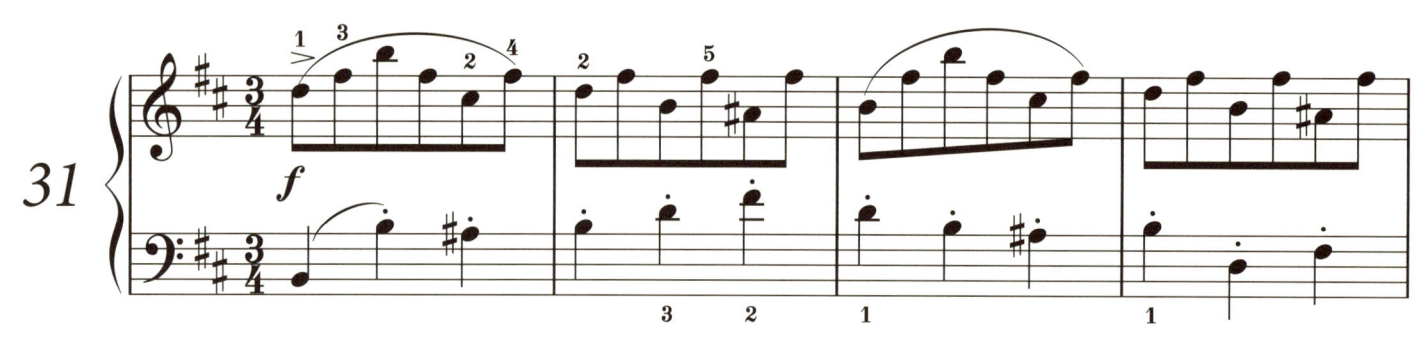

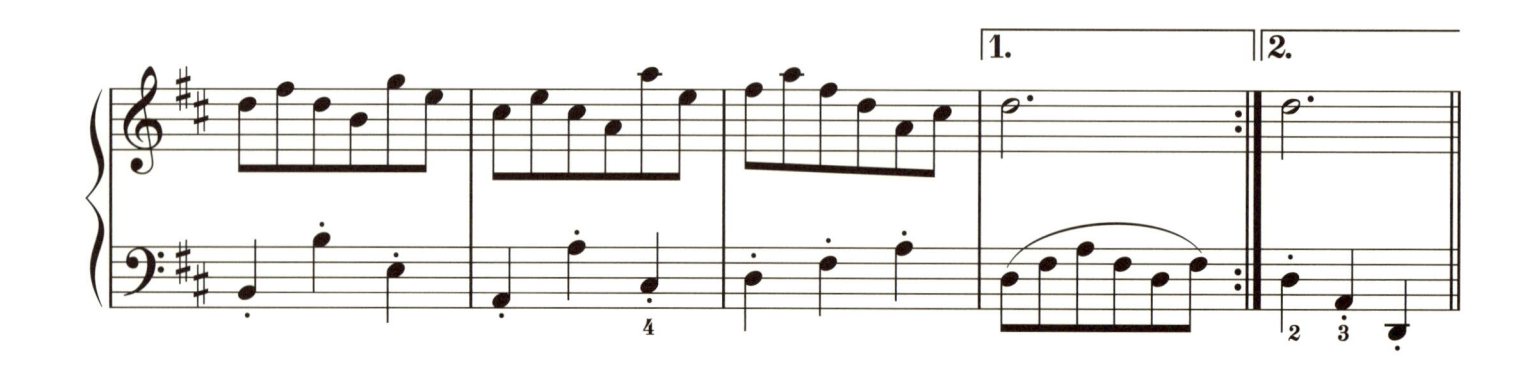

春

W.F. バッハ

IV

<ruby>連<rt>れん</rt></ruby><ruby>弾<rt>だん</rt></ruby>によるポリフォニー

よろこびの歌

L.v. ベートーヴェン

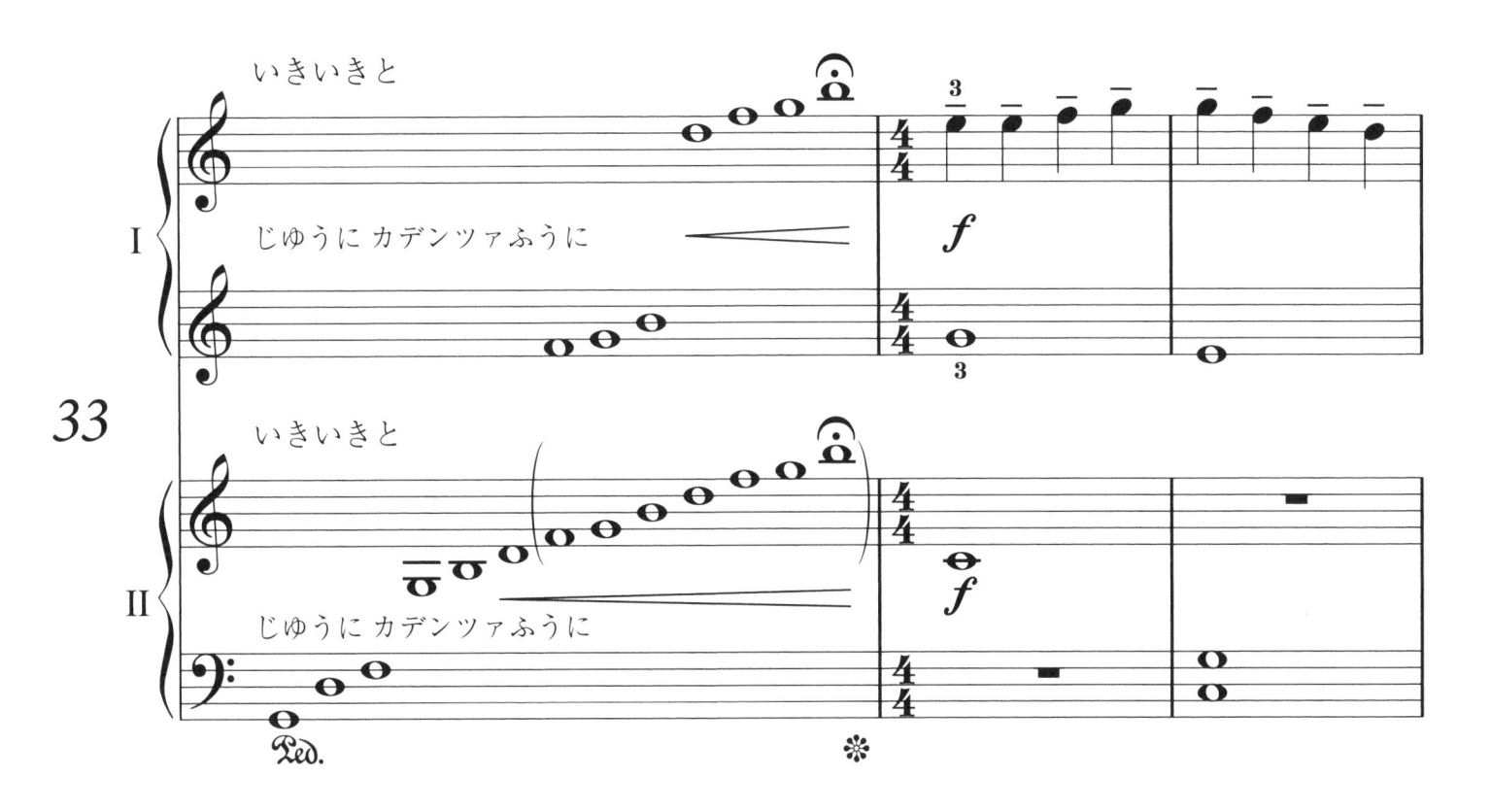

（伊能美智子　編曲）

ます

F. シューベルト

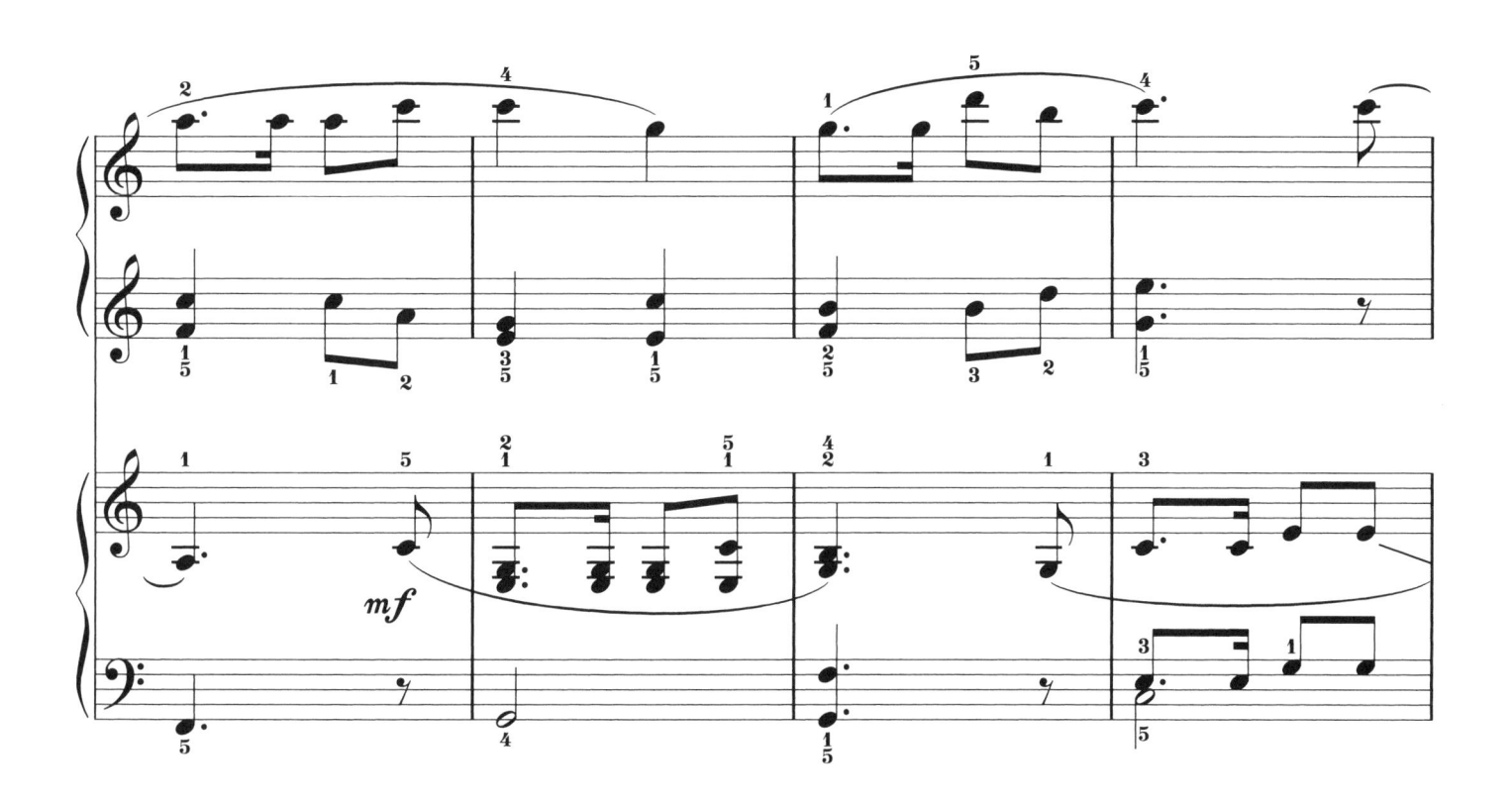

（伊能美智子　編曲）

ファランドール

《アルルの女 第2組曲》より

G.ビゼー

35

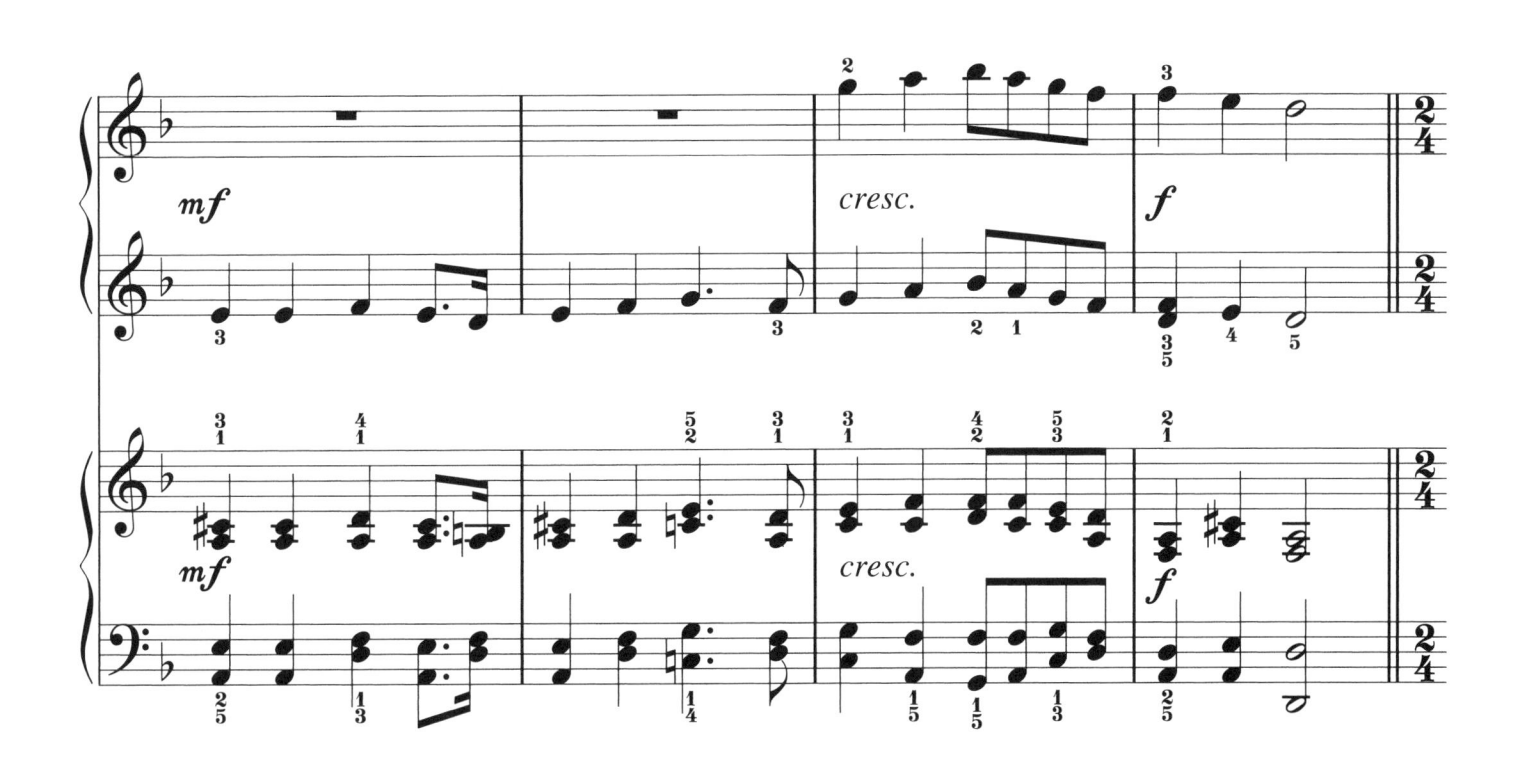

Allegro

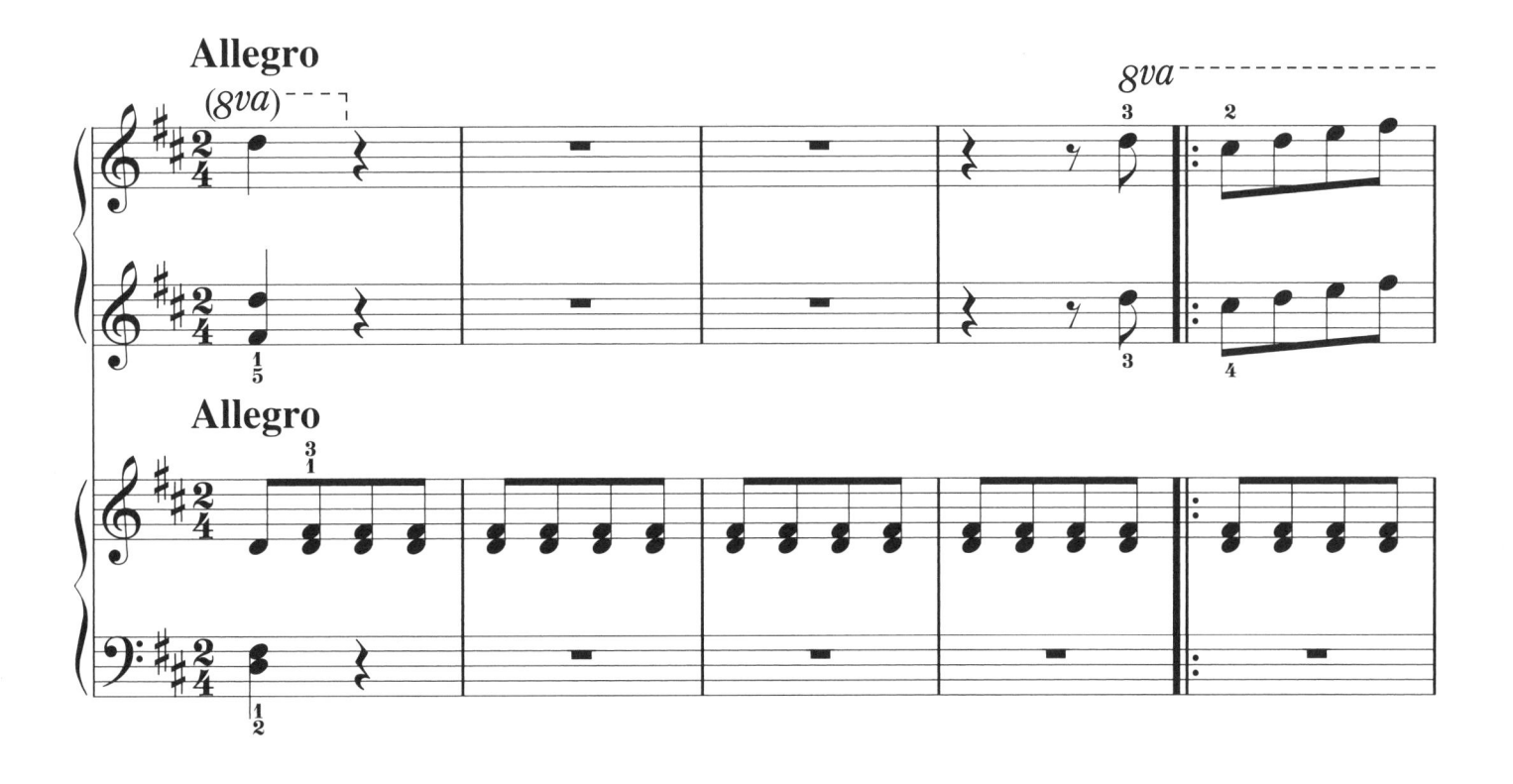

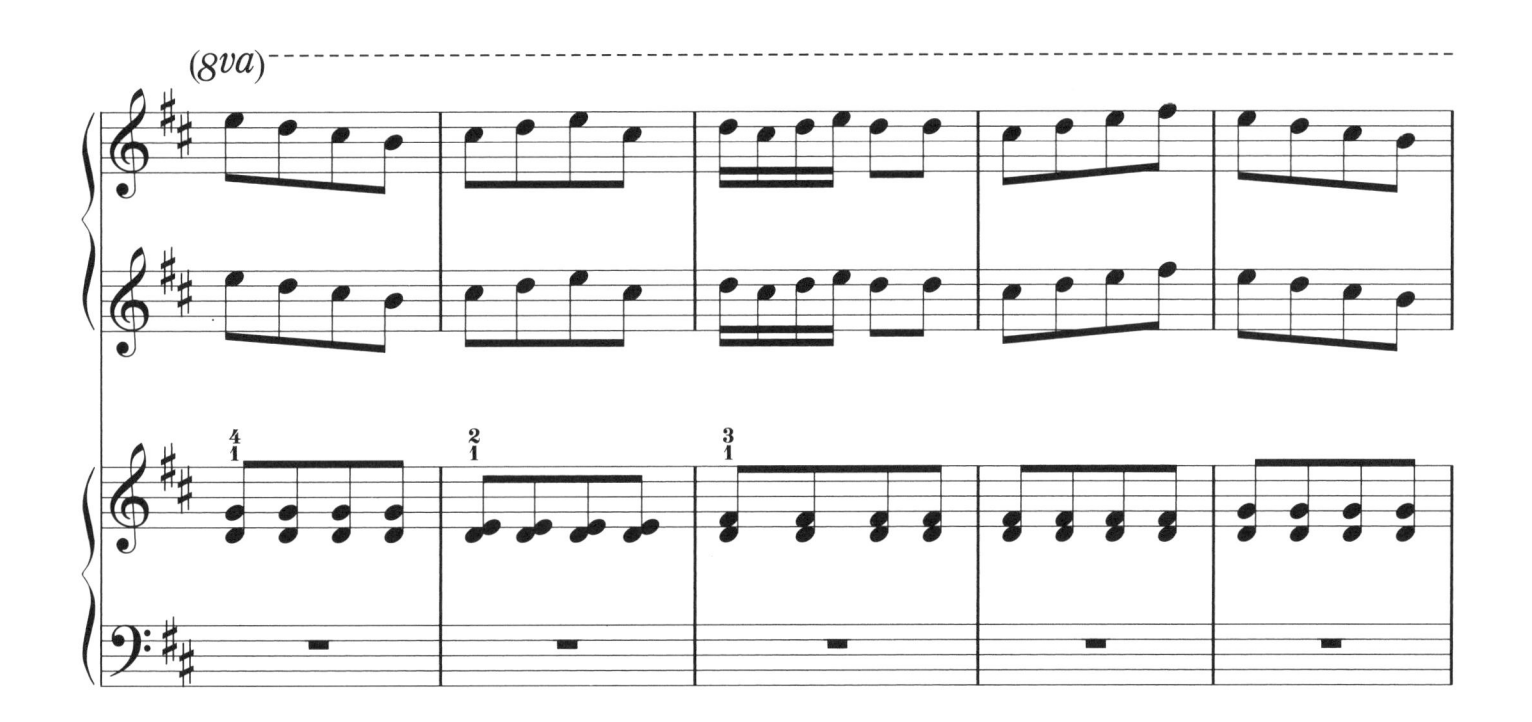

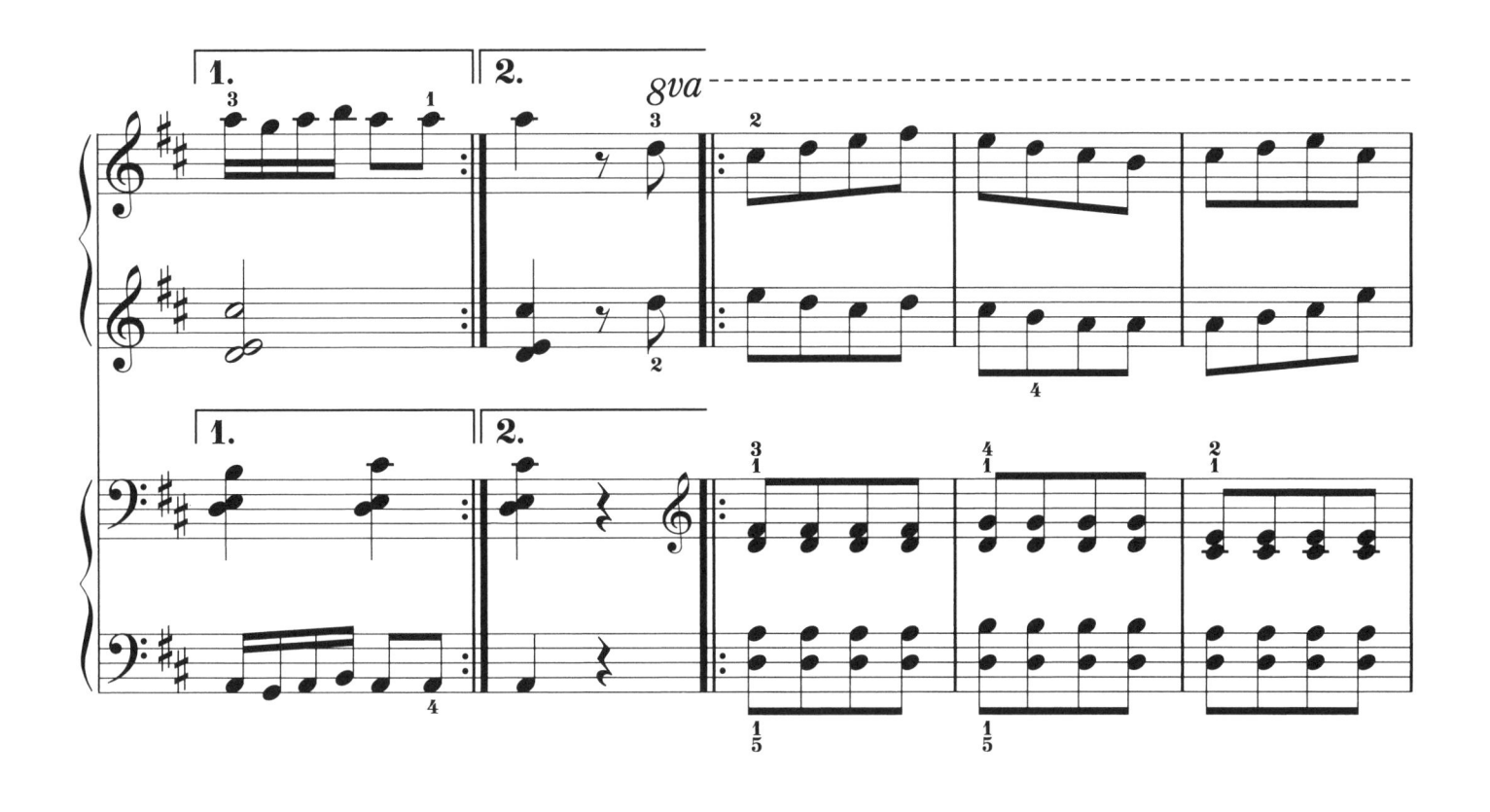

インヴェンションを弾く前に

はじめましてポリフォニー

編	伊能美智子	発行年月日	2025年4月1日　第1刷発行
表紙イラスト	政岡勢津子		
デザイン	野津明子(böna)		
編集協力	株式会社トーオン／株式会社クラフトーン	発行人	川畑　勝
		編集人	中村絵理子
印刷所	中央精版印刷株式会社	編　集	小山田かおり
		発行所	株式会社Gakken
			〒141-8416　東京都品川区西五反田2-11-8

●この楽譜に関する各種お問い合わせ先
楽譜の内容については、下記サイトのお問い合わせフォームよりお願いします。
　https://www.corp-gakken.co.jp/contact/
在庫については　Tel 03-6431-1250（販売部）
不良品（落丁、乱丁）については　Tel 0570-000577
　学研業務センター　〒354-0045 埼玉県入間郡三芳町上富279-1
上記以外のお問い合わせ　Tel 0570-056-710（学研グループ総合案内）

学研グループの商品についての新刊情報・詳細情報は、下記をご覧ください。
　学研出版サイト（書籍・雑誌）　https://hon.gakken.jp/
　学研おんがく.net（楽譜）　https://www.gakken.jp/ongaku/

Gakken公式オンラインショップ「ショップ学研＋」でも
楽譜をお買い求めいただけます。
・インターネットでのご注文はこちら

ショップ学研＋

・お電話でのご注文はこちら
学研通販受注センター：0120-92-5555
受付時間：平日9:30〜17:30（土日祝日、年末年始を除く）

LOVE THE ORIGINAL
楽譜のコピーはやめましょう